D0573770

In dezelfde uitvoering verscheen eveneens:

Zeehonden en andere dieren van de zee
Egels, bijen en andere dieren van de tuin
Speuren naar sporen

ISBN 978 90 5878 054 6

NUR 223

Oorspronkelijke titel: Da schlüpft was!
Tekst: Monika Lange
Tekeningen: Ute Thönissen
© Oorspronkelijke uitgave: 2005, Patmos Verlag GmbH & Co. KG, Düsseldorf
© Nederlandse uitgave: 2007, Cyclone boekproducties, Thorn-Enkhuizen
Vertaling: Marleen Fröhlich
Verspreiding in België: C. de Vries-Brouwers bvba, Antwerpen

Niets uit deze uitgave mag worden verveelvoudigd en/of openbaar gemaakt
door middel van druk, fotokopie, microfilm of op welke andere wijze ook,
zonder voorafgaande schriftelijke toestemming van de uitgever.

Monika Lange en Ute Thönissen

Wie komt er uit een ei?

CYCLONE

Een, twee, drie - een ei!

Kippen leggen meestal elke dag een ei. Na drie
weken broeden komt er een kuiken uit het ei.

Het kuiken doet er bijna een hele dag over
om uit het ei te komen. Als de eierschaal
eindelijk is opengebroken is het jonge dier
uitgeput. Voordat het op zijn pootjes kan
gaan staan moet het eerst uitrusten.

Kippen leggen eieren.
Hiernaast staan nog
meer dieren die eieren
leggen. Weet jij welke?

Zwaluwen, vliegen,
vlinders, eenden, bijen
en padden.

**Let op: Op allerlei
plaatsen in dit boek
zijn paaseieren ver-
stopt. Kijk maar goed!**

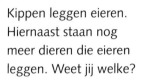

Verrassingseieren

Heb je wel eens een ei van een inktvis gezien?
Weet jij welke eieren bij welk dier horen?

A

B

Inktvis

D

Pimpelmees

C

Kikker

Alligator

Wijngaard-
slak

Zalm

E

F

Konings-
slang

H

I

Onder de flap staat
het goede antwoord.

Tijmblauwtje

G

Emoe

Vogelbekdier

J

Broeden

De rozerode flamingo's leven bij zoutwatermeren. Ze bouwen heuveltjes van modder. Dat zijn hun nesten. Als de modder droog is legt elk flamingovrouwtje er één ei op.

De *flamingo* draait het ei steeds om, zodat het aan alle kanten gelijkmatig warm blijft tijdens het broeden.

De *flamingo*moeder heeft het ei onder haar buik verstopt. Zo blijft het lekker warm en kan het niet uitdrogen in de zon. Als het vrouwtje gaat eten, broedt het mannetje op het ei.

Twee weken later komt er beweging in de eieren. De kleine visjes komen uit. Ze hebben nog een dikke dooierzak aan hun buik hangen.

In de dooierzak zit voedsel tot het moment dat ze zelf groot genoeg zijn om naar eten te zoeken. Om niet opgegeten te worden verstoppen ze zich tussen stenen en waterplanten.

Kleine beestjes leggen eieren in alle soorten en maten.

Kevers, muggen en vlinders komen ook uit eitjes. Deze eitjes zijn heel klein en ze worden door het insekt goed verstopt!

De tipjes op de klaverblaadjes zijn de eitjes van de *oranje luzernevlinder*. Uit de eitjes komen rupsen die het liefst klaver eten.

Gaasvlieg

De eitjes van de *gaasvlieg* hangen aan rietstengels.

Lieveheersbeestje

Mug

De eitjes van de *mug* drijven als kleine vlotjes op het water.

De eitjes van het *lieveheersbeestje* zijn zo klein als speldenknoppen. Ze worden door het vrouwtje aan een blad vastgemaakt. Ook als het regent of stormt blijven ze goed vastzitten.

De bidsprinkhaan ver-
pakt haar eitjes in een
schuimpakketje. Het
schuim wordt hard en
beschermt de eieren.

*Bidsprink-
haan*

*Land-
kaartje*

Heesterslak

Oorwurm

Vrouwtjes van de oorwurm
houden hun eieren goed
schoon en beschermen ze
tot ze uitkomen.

*Grote groene
sabelsprinkhaan*

De *grote groene sabel-
sprinkhaan* heeft een
legbuis waarmee ze haar
eieren in de grond stopt.

De eieren van de
heesterslak lijken op
kleine witte erwtjes.

De snoeren die aan
de brandnetel-
bladeren hangen
zijn vlindereitjes.
Ze zijn gelegd door
het *landkaartje*.

Eierdieven

Eieren smaken erg lekker en zijn voedzaam.
Daarom zijn er veel dieren die eieren stelen.

Nee toch, de eieren van de *lijster* zijn ontdekt. De *kraai* heeft er al een gepikt en maakt dat hij wegkomt. De *eekhoorn* zoekt een eitje uit voor het ontbijt.

De *eieretende slang* leeft in het oerwoud. Ze kan haar bek enorm ver opensperren en over een ei heen schuiven. Ze is zelfs in staat haar bovenkaak van haar onderkaak los te maken. Het ei wordt in haar bek platgedrukt en dan kan ze de dooier en het eiwit doorslikken. De schaal spuugt ze weer uit.

Wasberen kunnen heel goed klimmen. Dit volwassen dier kijkt of er een ei in een boomholte verstopt zit.

Maar ook mensen eten veel eieren. In pasta, cake en ijsjes worden eieren verwerkt. Ook een uitsmijter of een eitje bij het ontbijt vinden we erg lekker. Eigenlijk zijn wij de allergrootste eierdieven.